D1247222

GRANDES PERSONAJES EN LA HISTORIA DE LOS ESTADOS UNIDOS™

DISCARD

COCHISE

JEFE APACHE

LARISSA PHILLIPS

TRADUCCIÓN AL ESPAÑOL:
EIDA DE LA VEGA

The Rosen Publishing Group, Inc.
Editorial Buenas Letras™
New York

PUBLIC LIBRARY
EAST ORANGE PUBLIC LIBRARY

Spanish
JB
Cochise

Published in 2004 by The Rosen Publishing Group, Inc.
29 East 21st Street, New York, NY 10010

Copyright © 2004 by the Rosen Publishing Group, Inc.

First Spanish Edition 2004
First English Edition 2004

All rights reserved. No part of this book may be reproduced in any form without permission in writing from the publisher, except by a reviewer.

Cataloging Data
Phillips, Larissa.
[Cochise: Spanish]
Cochise:Jefe apache / by Larissa Phillips.
   p. cm. — (Grandes personajes en la historia de los Estados Unidos)
Summary:A biography of this Chiricahua chief who led his people in battle for many years, trying to preserve their independence.
Includes bibliographical references and index.
ISBN 0-8239-4129-9 (lib. bdg.: alk. paper)
ISBN 0-8239-4223-6 (pbk.: alk. paper)
6-pack ISBN 0-8239-7566-5
1. Cochise,Apache chief, d. 1874. 2. Chiricahua Indians—Kings and rulers—Biography.
3. Chiricahua Indians—Wars. 4. Chiricahua Indians—Government relations. 5.Apache Indians—Wars, 1872-1873. [1. Cochise,Apache chief, d. 1874. 2. Chiricahua Indians—Biography. 3.Apache Indians—Biography. 4. Indians of North America—New Mexico—Biography. 5. Kings, queens, rulers, etc. 6. Spanish language materials.]
I.Title. II. Series: Primary sources of famous people in American history. Spanish.
E99.A6C5746 2004
979.004'972—dc21

Manufactured in the United States of America

Photo credits: cover illustration by Peggy Flanders; pp. 5, 6, 12, 13, 16, 17, 19 (top), 24 Western History Collection, University of Oklahoma; pp. 7 (X-32936), 10 (L-287), 20 (X-33736), 26 (X-32866), 27 (X-33462) Denver Public Library, Western History Collection; p. 8 courtesy of the Louisiana Old State Capitol Center for Political and Governmental History and the Randy Haynie Family Collection; p. 9 © The Art Archive/National Palace Mexico City/Dagli Orti; p.11 © Underwood Photo Archives/SuperStock, Inc.; p. 14 Kansas State Historical Society; pp. 15, 25 National Archives and Records Administration; p. 19 (bottom) © Corbis; pp. 21, 23 (left), 28 © Hulton/Archive/Getty Images; p. 23 (right) Huntington Library, San Marino, CA; p. 29 © The Art Archive/National Archives, Washington, DC.

Designer:Thomas Forget; Editor: Joann Jovinelly; Photo Researcher: Rebecca Anguin-Cohen

GIFT
GS-06
11-15-06
SM

b12458168

CONTENIDO

1 UN LÍDER NATO

Los historiadores creen que Cochise nació en 1812, en lo que es ahora el estado de Arizona. Cochise era miembro de la Nación Apache de nativos americanos y fue educado para ser guerrero. Para los apaches, luchar era una forma de vida.

LAS TRIBUS DE LA NACIÓN APACHE

La Nación Apache está formada en la actualidad por seis tribus de nativos americanos relacionadas culturalmente, que provienen del suroeste. Cochise era miembro de la tribu chiricahua. Las otras cinco tribus se conocen como los mescalero, los mimbreno, los lipan, los jicarilla y los kiowa. La palabra apache puede provenir de la palabra "enemigo" en lengua zuni.

Cochise formaba parte de los 7,000 apaches que vivían en el suroeste de Norteamérica en 1850. En esa época, Cochise heredó de su padre el liderazgo de la tribu chiricahua.

Como sus tres hermanos, Cochise practicaba juegos que fortalecían la disciplina. En uno de ellos, tenían que correr durante horas con un buche de agua en la boca sin tragarlo. Él y sus hermanos también se lanzaban flechas unos a otros para afinar la puntería. Cochise era el mejor en estos juegos. Estaba claro que llegaría a ser un gran guerrero.

Esta fotografía, tomada en la década de 1880, muestra un grupo jóvenes apaches jugando en San Carlos, Arizona.

La esposa de Cochise, Toos-day-zay, fotografiada en este retrato entre 1884 y 1885.

2 PERDIENDO TERRENO

La tribu de Cochise era llamada chiricahua.
Eran parte de la Nación Apache. Vivían en lo
que ahora es Arizona y Nuevo México.
Durante casi 300 años, habían peleado
contra los españoles y los mexicanos que los
atacaban por el sur. Los españoles estaban
interesados en obtener oro y fortuna.

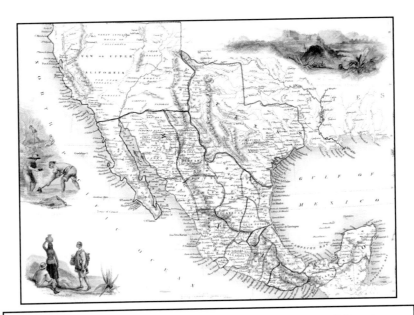

Este mapa de John Tallis muestra a México, California y
Texas en 1851. En aquel tiempo, la población de nativos
americanos era igual a la de anglosajones.

Esta pintura de Diego Rivera describe una batalla de la guerra entre México y Estados Unidos (1846–1848). El conflicto duró dos años y provocó la muerte de miles de personas de ambos bandos.

Los apaches no sabían que su más poderoso enemigo estaba aún por venir. Durante años, los colonos y mineros norteamericanos habían estado desplazándose hacia el oeste, construyendo pueblos, granjas y estaciones mineras. Los colonos no tenían escrúpulos para explotar las minas localizadas en tierras de los nativos americanos.

Fotografía de un asentamiento minero en Colorado, en el siglo XIX. Éste es un ejemplo de cómo el aprovechamiento de los recursos naturales ayudó a establecer el suroeste como región durante el período de la expansión hacia el oeste.

Hombres como éste viajaban al oeste para convertirse en mineros, especialmente tras la fiebre del oro en California, en 1848. En muchos casos, se les ofrecía pedazos de tierra del gobierno federal, a cambio de futuros beneficios mineros.

Los colonos norteamericanos empezaron a incursionar cada vez más en territorio apache. Usaban pistolas, licores e, incluso, mantas con enfermedades para matar y debilitar a los nativos americanos. Naturalmente, los apaches respondieron a los ataques. Llamaban a sus nuevos enemigos "Caras Pálidas".

La vivienda apache que se muestra en esta fotografía es el esqueleto de un clásico wickiup, una estructura oval o circular de postes arqueados, cubierta con matorrales o pieles de animales curtidas.

Estas fotografías de mujeres apaches sentadas en sus wickiups fueron tomadas alrededor de 1880. Las apaches recolectaban plantas silvestres y ayudaban a recoger las cosechas.

3 ¡SECUESTRADO!

En febrero de 1861, un hombre blanco informó que los apaches habían atacado su rancho ganadero. Además, declaró que los nativos americanos habían secuestrado a su hijo. Un joven teniente, George N. Bascom, pidió una reunión con Cochise para resolver el problema. Cochise trajo miembros de su familia a la reunión para mostrar su confianza.

Esta ilustración realizada en 1867 muestra como se transportaba el ganado a través de las planicies del oeste en los primeros años de los Estados Unidos.

El teniente George N. Bascom (en la foto) no creyó la declaración de Cochise de que otra tribu apache era responsable del secuestro. Más tarde, se comprobó que la historia de Cochise era cierta.

Cochise negó los cargos, pero aun así fue arrestado. Rápidamente, Cochise salió de la tienda. Mientras intentaban ponerse a salvo, cayó muerto uno de sus hombres. Además, los norteamericanos mataron al hermano de Cochise y a otros dos parientes. Después de este episodio, el conflicto se intensificó. Tanto los colonos como los nativos pedían venganza durante las guerras apaches.

Cochise enseñó a su familia a defender las tierras de la tribu. El hijo de Cochise, Naiche (también se escribe Na-chise o Naatchez), que aparece en el extremo izquierdo, continuó luchando después de la muerte de su padre en 1874.

Naiche aparece en esta fotografía con un rifle, junto a su esposa, Ha-o-zinne. Los nativos americanos se dieron cuenta de que para proteger sus territorios necesitaban armas de fuego.

4 LAS GUERRAS APACHES

Estados Unidos contaba con un poderoso ejército equipado con muchas armas. Pero los apaches eran un enemigo temible. Cochise era un líder brillante. Montaba complicadas emboscadas. Estaba lleno de rabia por la muerte de su gente y la pérdida de su tierra.

LAS GUERRAS INDIAS

Las guerras indias, y específicamente las relacionadas con las tribus apaches (conocidas como guerras apaches), se desarrollaron entre 1865 y 1890. Eran conflictos entre los europeos y sus descendientes y los nativos americanos que vivían en tierras que después formaron parte de Estados Unidos.

Los nativos americanos adquirieron armas de fuego a través del comercio con los blancos, pero su creciente consumo de artículos manufacturados los hizo menos independientes.

El conflicto continuó por años cobrando la vida a miles de apaches y de norteamericanos. A cambio de que dejaran de luchar, Estados Unidos le ofreció a los apaches unas reservaciones en Nuevo México donde podían ir a vivir. Cochise se rehusó. Creía que era mejor la vida de un coyote, siempre corriendo pero en libertad, que la vida de un perro, recogiendo las sobras.

A mediados del siglo XIX, los norteamericanos empezaron a incursionar cada vez más en territorios que pertenecían a las tribus nativoamericanas, incluyendo la tribu apache, que aquí se muestra defendiendo su territorio.

Estas fotografías muestran visiblemente los cambios que experimentaron las tribus apaches después de cuatro meses en una escuela de una reservación. Los blancos creían que los nativos necesitaban "civilizarse".

En esos días, las vidas de los carteros del *U.S. Pony Express* corrían gran peligro. Los apaches casi siempre los mataban. Un cartero llamado Thomas Jeffords decidió hablar con Cochise. Caminó sólo hasta el campamento apache. A Cochise le impresionó su valentía. Después de varios días de charla, Cochise aceptó en dejar pasar a los carteros sin hacerles daño.

CORREO A CABALLO

El Pony Express fue un sistema de correos en Estados Unidos, operado por un equipo de jinetes expertos, entre 1860 y 1861. Los hombres montaban a caballo y se iban relevando cada 75 a 100 millas (120 a 160 km), hasta lo que hoy es Kansas, Nebraska, Colorado, Wyoming, Utah, Nevada y California.

Thomas Jeffords, explorador del ejército norteamericano y mensajero del *Pony Express*, fue uno de los pocos blancos en los que confió Cochise. Jeffords se ganó el respeto de Cochise por su valentía.

El ejército le pidió ayuda a Jeffords para terminar las guerras apaches. En 1872, Jeffords convenció a Cochise para que se reuniera con un rudo general manco llamado Oliver O. Howard. El general Howard le ofreció a Cochise y a su pueblo un distante pedazo de tierra donde el agua estaba contaminada y los inviernos eran fríos.

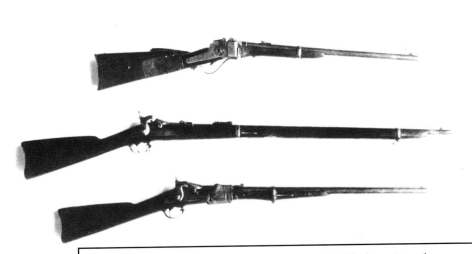

Estas armas de fuego eran propiedad de miembros de las tribus nativoamericanas. Ellos aprendieron a usar estas armas con los españoles, a quienes combatieron años antes.

En esta fotografía aparece el general manco Oliver O. Howard, famoso por luchar en la Guerra Civil, pero también por sus campañas contra los nativos americanos.

25

5 LA RENDICIÓN

En 1872, Cochise y su gente estaban cansados y hambrientos. Miles de niños se habían quedado huérfanos. Los grandes guerreros habían muerto. Cochise quería llegar a un acuerdo. Pidió que se estableciera una nueva reservación en *Apache Pass,* en las montañas Chiricahua. El general Howard estuvo de acuerdo y con esto terminaron las guerras apaches.

Esta fotografía muestra un grupo apache que estuvo en prisión entre 1884 y 1885 en Fort Bowie, en la actual Arizona.

Hombres nativoamericanos posan con un hombre blanco en Fort Apache, Arizona, en 1883.

Cochise murió dos años más tarde en la reservación. Después de su muerte, la reservación se disolvió. Para ese entonces, el pueblo apache se había marchado o había sido relocalizado. Cochise ganó muchas batallas contra los Caras Pálidas, pero al final perdió la guerra. Aun así, Cochise es recordado y respetado como un líder brillante y un gran héroe apache.

Esta formación rocosa en Arizona es conocida como la Cabeza de Cochise. Sus contornos naturales recuerdan el perfil del jefe apache.

Esta joven princesa nativoamericana, vestida con ropas tradicionales, es la nieta de Cochise, el jefe apache de la tribu chiricahua.

29

CRONOLOGÍA

1812—Año en el que los historiadores creen que nació Cochise, en lo que hoy es Arizona.

1861—Cochise es tomado prisionero, pero logra salir de la tienda donde está retenido y escapar.

1863—Cochise se convierte en jefe guerrero.

1872—Cochise escapa antes de permitir que su gente sea trasladada a una reserva en Nuevo México; los apaches se mudan a una reservación que cubre la mayor parte del sureste de Arizona.

1846-1848—Guerra entre México y Estados Unidos.

1865-1890—Período de las guerras indias.

1867—Thomas Jeffords se reúne con Cochise y se hacen amigos.

June 8, 1874—Muere Cochise en la reservación de Arizona.

GLOSARIO

emboscada Permanecer al acecho y atacar por sorpresa.

Nación Apache (la) El enorme grupo de tribus que habitaban el suroeste de Estados Unidos.

reservación (la) Un pedazo de tierra que el gobierno destina a un propósito específico.

tribu (la) Grupo de familias que están estrechamente relacionadas.

venganza (la) Castigar una acción en respuesta a otra.

SITIOS WEB

Debido a las constantes modificaciones en los sitios de Internet, Rosen Publishing Group, Inc., ha desarrollado un listado de sitios Web relacionados con el tema de este libro. Este sitio se actualiza con regularidad. Por favor, usa este enlace para acceder a la lista:

http://www.rosenlinks.com/fpah/coch

LISTA DE FUENTES PRIMARIAS DE IMÁGENES

Páginas 5, 6: Estas fotografías forman parte de la colección de imágenes Noah H. Rose, de la Universidad de Oklahoma en Norman, OK.

Página 7: La esposa de Cochise, Toos-day-zay, está retratada en esta fotografía que forma parte de la colección de la Biblioteca Pública de Denver y de la Sociedad Histórica de Denver, Colorado.

Página 8: Mapa de México, California y Texas dibujado por John Tallis en 1851. Se encuentra en la colección privada de Randy Haynie.

Página 10: Central City, Colorado, vista en esta fotografía de 1899, tomada por Harry H. Lake, es ahora parte de la colección de la Biblioteca Pública de Denver y de la Sociedad Histórica de Denver, Colorado.

Página 11: Esta fotografía de un minero fue tomada en el siglo XIX.

Páginas 12, 13: Estas fotografías forman parte de la colección de imágenes Noah H. Rose, de la Universidad de Oklahoma en Norman, OK.

Página 15: Esta imagen de George N. Bascom es parte de la colección de los Archivos Nacionales en Washington, DC.

Páginas 16, 17, 19: Estas fotografías forman parte de la colección de imágenes Noah H. Rose, de la Universidad de Oklahoma en Norman, OK.

Página 19: Timothy H. O'Sullivan tomó esta fotografía de los indios apaches a punto de empezar el combate, en 1873.

Página 21: John N. Choate tomó estas fotografías de niños nativoamericanos, en 1886.

Página 23 (izquierda): Creado alrededor de 1861, este es un cartel original que anuncia el servicio del Pony Express.

Página 23 (derecha): Thomas Jeffords, amigo de Cochise y jinete del Pony Express, se ve en esta foto que forma parte de la colección de la Biblioteca de Huntington en San Merino, California.

Página 24: Esta foto de armas de fuego pertenecientes a varios nativos americanos es parte de la colección de W. S. Campbell.

Página 25: El general de la Guerra Civil Oliver O. Howard aparece en esta fotografía que forma parte de la colección de los Archivos Nacionales, en Washington, DC.

Página 26: Prisioneros nativoamericanos en Fort Bowie, Arizona, en 1884. Esta foto pertenece a la colección de estampas de la Biblioteca Pública de Denver y de la Sociedad Histórica de Denver, Colorado.

Página 27: Ben Wittick tomó esta fotografía de los nativos americanos en Fort Apache, Arizona, ahora parte de la colección de estampas de la Biblioteca Pública de Denver y de la Sociedad Histórica de Denver, Colorado.

Página 29: La nieta de Cochise, que se ve en esta fotografía de estudio que forma parte de la colección de los Archivos Nacionales, en Washington, DC.

ÍNDICE

ACERCA DEL AUTOR

Larissa Phillips es escritora independiente. Vive en Brooklyn, Nueva York.